NAME: _____

AGE: _____

NAME: _____

AGE: _____   **DATE:** _____

NAME: _____

AGE: _____   **DATE:** _____

NAME: _____

AGE: _____ **DATE:** _____

_____

_____

_____

_____

NAME: _____

AGE: _____ **DATE:** _____

_____

_____

_____

_____

NAME: _____

AGE: _____ **DATE:** _____

_____

_____

_____

_____

NAME: _____

AGE: _____ DATE: _____

_____

_____

_____

_____

NAME: _____

AGE: _____ DATE: _____

_____

_____

_____

_____

NAME: _____

AGE: _____ DATE: _____

_____

_____

_____

_____

NAME: _____

AGE: _____ DATE: _____

_____

_____

_____

_____

NAME: _____

AGE: _____ DATE: _____

_____

_____

_____

_____

NAME: _____

AGE: _____ DATE: _____

_____

_____

_____

_____

NAME: _____

AGE: _____ **DATE:** _____

_____

_____

_____

_____

NAME: _____

AGE: _____ **DATE:** _____

_____

_____

_____

_____

NAME: _____

AGE: _____ **DATE:** _____

_____

_____

_____

_____

NAME: _____

AGE: _____ DATE: _____

_____

_____

_____

_____

NAME: _____

AGE: _____ DATE: _____

_____

_____

_____

_____

NAME: _____

AGE: _____ DATE: _____

_____

_____

_____

_____

NAME: _____

AGE: _____ **DATE:** _____

_____

_____

_____

_____

_____

NAME: _____

AGE: _____ **DATE:** _____

_____

_____

_____

_____

_____

NAME: _____

AGE: _____ **DATE:** _____

_____

_____

_____

_____

_____

NAME:

AGE: _____ DATE: _____

_____

_____

_____

_____

NAME:

AGE: _____ DATE: _____

_____

_____

_____

_____

NAME:

AGE: _____ DATE: _____

_____

_____

_____

_____

NAME: _____

AGE: _____ **DATE:** _____

_____

_____

_____

_____

NAME: _____

AGE: _____ **DATE:** _____

_____

_____

_____

_____

NAME: _____

AGE: _____ **DATE:** _____

_____

_____

_____

_____

NAME: _____

AGE: _____   **DATE:** _____

_____

_____

_____

_____

NAME: _____

AGE: _____   **DATE:** _____

_____

_____

_____

_____

NAME: _____

AGE: _____   **DATE:** _____

_____

_____

_____

_____

NAME: _____

AGE: _____ **DATE:** _____

_____

_____

_____

_____

NAME: _____

AGE: _____ **DATE:** _____

_____

_____

_____

_____

NAME: _____

AGE: _____ **DATE:** _____

_____

_____

_____

_____

NAME: _____

AGE: _____ DATE: _____

_____

_____

_____

_____

NAME: _____

AGE: _____ DATE: _____

_____

_____

_____

_____

NAME: _____

AGE: _____ DATE: _____

_____

_____

_____

_____

NAME: _____

AGE: _____ **DATE:** _____

_____

_____

_____

_____

NAME: _____

AGE: _____ **DATE:** _____

_____

_____

_____

_____

NAME: _____

AGE: _____ **DATE:** _____

_____

_____

_____

_____

NAME:

AGE: DATE:

NAME:

AGE: DATE:

NAME:

AGE: DATE:

NAME: _____

AGE: _____ **DATE:** _____

_____

_____

_____

_____

NAME: _____

AGE: _____ **DATE:** _____

_____

_____

_____

_____

NAME: _____

AGE: _____ **DATE:** _____

_____

_____

_____

_____

NAME: _____

AGE: _____ **DATE:** _____

_____

_____

_____

_____

NAME: _____

AGE: _____ **DATE:** _____

_____

_____

_____

_____

NAME: _____

AGE: _____ **DATE:** _____

_____

_____

_____

_____

NAME:

AGE: **DATE:**

NAME:

AGE: **DATE:**

NAME:

AGE: **DATE:**

NAME: _____

AGE: _____ **DATE:** _____

_____

_____

_____

_____

NAME: _____

AGE: _____ **DATE:** _____

_____

_____

_____

_____

NAME: _____

AGE: _____ **DATE:** _____

_____

_____

_____

_____

NAME: _____

AGE: _____ **DATE:** _____

_____

_____

_____

_____

NAME: _____

AGE: _____ **DATE:** _____

_____

_____

_____

_____

NAME: _____

AGE: _____ **DATE:** _____

_____

_____

_____

_____

NAME:

AGE: **DATE:**

NAME:

AGE: **DATE:**

NAME:

AGE: **DATE:**

NAME: _____

AGE: _____ **DATE:** _____

_____

_____

_____

_____

NAME: _____

AGE: _____ **DATE:** _____

_____

_____

_____

_____

NAME: _____

AGE: _____ **DATE:** _____

_____

_____

_____

_____

NAME:

AGE: **DATE:**

NAME:

AGE: **DATE:**

NAME:

AGE: **DATE:**

NAME:

AGE: **DATE:**

NAME:

AGE: **DATE:**

NAME:

AGE: **DATE:**

NAME:

AGE: **DATE:**

NAME:

AGE: **DATE:**

NAME:

AGE: **DATE:**

NAME: _____

AGE: _____ **DATE:** _____

_____

_____

_____

_____

_____

NAME: _____

AGE: _____ **DATE:** _____

_____

_____

_____

_____

_____

NAME: _____

AGE: _____ **DATE:** _____

_____

_____

_____

_____

_____

NAME: _____

AGE: _____ DATE: _____

_____

_____

_____

_____

NAME: _____

AGE: _____ DATE: _____

_____

_____

_____

_____

NAME: _____

AGE: _____ DATE: _____

_____

_____

_____

_____

NAME: _____

AGE: _____ **DATE:** _____

_____

_____

_____

_____

NAME: _____

AGE: _____ **DATE:** _____

_____

_____

_____

_____

NAME: _____

AGE: _____ **DATE:** _____

_____

_____

_____

_____

NAME:

AGE: **DATE:**

NAME:

AGE: **DATE:**

NAME:

AGE: **DATE:**

NAME:

AGE: **DATE:**

NAME:

AGE: **DATE:**

NAME:

AGE: **DATE:**

NAME: _____

AGE: _____ **DATE:** _____

_____

_____

_____

_____

NAME: _____

AGE: _____ **DATE:** _____

_____

_____

_____

_____

NAME: _____

AGE: _____ **DATE:** _____

_____

_____

_____

_____

NAME: _____

AGE: _____ **DATE:** _____

_____

_____

_____

_____

NAME: _____

AGE: _____ **DATE:** _____

_____

_____

_____

_____

NAME: _____

AGE: _____ **DATE:** _____

_____

_____

_____

_____

NAME:

AGE: **DATE:**

NAME:

AGE: **DATE:**

NAME:

AGE: **DATE:**

NAME: _____

AGE: _____ **DATE:** _____

_____

_____

_____

_____

NAME: _____

AGE: _____ **DATE:** _____

_____

_____

_____

_____

NAME: _____

AGE: _____ **DATE:** _____

_____

_____

_____

_____

NAME: _____

AGE: _____ DATE: _____

_____

_____

_____

_____

NAME: _____

AGE: _____ DATE: _____

_____

_____

_____

_____

NAME: _____

AGE: _____ DATE: _____

_____

_____

_____

_____

NAME: _____

AGE: _____ **DATE:** _____

_____

_____

_____

_____

NAME: _____

AGE: _____ **DATE:** _____

_____

_____

_____

_____

NAME: _____

AGE: _____ **DATE:** _____

_____

_____

_____

_____

NAME:

AGE: DATE:

NAME:

AGE: DATE:

NAME:

AGE: DATE:

NAME: _____

AGE: _____ **DATE:** _____

_____

_____

_____

_____

NAME: _____

AGE: _____ **DATE:** _____

_____

_____

_____

_____

NAME: _____

AGE: _____ **DATE:** _____

_____

_____

_____

_____

NAME: _____

AGE: _____ DATE: _____

_____

_____

_____

_____

NAME: _____

AGE: _____ DATE: _____

_____

_____

_____

_____

NAME: _____

AGE: _____ DATE: _____

_____

_____

_____

_____

NAME: _____

AGE: _____ **DATE:** _____

_____

_____

_____

_____

NAME: _____

AGE: _____ **DATE:** _____

_____

_____

_____

_____

NAME: _____

AGE: _____ **DATE:** _____

_____

_____

_____

_____

NAME:

AGE: _____ **DATE:** _____

_____

_____

_____

_____

NAME:

AGE: _____ **DATE:** _____

_____

_____

_____

_____

NAME:

AGE: _____ **DATE:** _____

_____

_____

_____

_____

NAME: _____

AGE: _____ **DATE:** _____

_____

_____

_____

_____

NAME: _____

AGE: _____ **DATE:** _____

_____

_____

_____

_____

NAME: _____

AGE: _____ **DATE:** _____

_____

_____

_____

_____

NAME:

AGE: **DATE:**

NAME:

AGE: **DATE:**

NAME:

AGE: **DATE:**

NAME: _____

AGE: _____ **DATE:** _____

_____

_____

_____

_____

NAME: _____

AGE: _____ **DATE:** _____

_____

_____

_____

_____

NAME: _____

AGE: _____ **DATE:** _____

_____

_____

_____

_____

NAME: _____

AGE: _____ **DATE:** _____

_____

_____

_____

_____

NAME: _____

AGE: _____ **DATE:** _____

_____

_____

_____

_____

NAME: _____

AGE: _____ **DATE:** _____

_____

_____

_____

_____

NAME: _____

AGE: _____ **DATE:** _____

_____

_____

_____

_____

NAME: _____

AGE: _____ **DATE:** _____

_____

_____

_____

_____

NAME: _____

AGE: _____ **DATE:** _____

_____

_____

_____

_____

NAME: _____

AGE: _____ **DATE:** _____

_____

_____

_____

_____

NAME: _____

AGE: _____ **DATE:** _____

_____

_____

_____

_____

NAME: _____

AGE: _____ **DATE:** _____

_____

_____

_____

_____

NAME: _____

AGE: _____ DATE: _____

_____

_____

_____

_____

NAME: _____

AGE: _____ DATE: _____

_____

_____

_____

_____

NAME: _____

AGE: _____ DATE: _____

_____

_____

_____

_____

NAME: _____

AGE: _____ **DATE:** _____

_____

_____

_____

_____

NAME: _____

AGE: _____ **DATE:** _____

_____

_____

_____

_____

NAME: _____

AGE: _____ **DATE:** _____

_____

_____

_____

_____

NAME: _____

AGE: _____ **DATE:** _____

_____

_____

_____

_____

NAME: _____

AGE: _____ **DATE:** _____

_____

_____

_____

_____

NAME: _____

AGE: _____ **DATE:** _____

_____

_____

_____

_____

NAME: _____

AGE: _____ **DATE:** _____

_____

_____

_____

_____

_____

NAME: _____

AGE: _____ **DATE:** _____

_____

_____

_____

_____

_____

NAME: _____

AGE: _____ **DATE:** _____

_____

_____

_____

_____

_____

NAME:

AGE: _____ **DATE:** _____

NAME:

AGE: _____ **DATE:** _____

NAME:

AGE: _____ **DATE:** _____

NAME:

AGE: **DATE:**

NAME:

AGE: **DATE:**

NAME:

AGE: **DATE:**

NAME: _____

AGE: _____ **DATE:** _____

_____

_____

_____

_____

NAME: _____

AGE: _____ **DATE:** _____

_____

_____

_____

_____

NAME: _____

AGE: _____ **DATE:** _____

_____

_____

_____

_____

NAME: _____

AGE: _____ DATE: _____

_____

_____

_____

_____

NAME: _____

AGE: _____ DATE: _____

_____

_____

_____

_____

NAME: _____

AGE: _____ DATE: _____

_____

_____

_____

_____

NAME: _____

AGE: _____ **DATE:** _____

_____

_____

_____

_____

NAME: _____

AGE: _____ **DATE:** _____

_____

_____

_____

_____

NAME: _____

AGE: _____ **DATE:** _____

_____

_____

_____

_____

NAME:

AGE: _____ **DATE:** _____

_____

_____

_____

_____

NAME:

AGE: _____ **DATE:** _____

_____

_____

_____

_____

NAME:

AGE: _____ **DATE:** _____

_____

_____

_____

_____

NAME:

AGE: _____ **DATE:** _____

_____

_____

_____

_____

_____

NAME:

AGE: _____ **DATE:** _____

_____

_____

_____

_____

NAME:

AGE: _____ **DATE:** _____

_____

_____

_____

_____

NAME:

AGE: **DATE:**

NAME:

AGE: **DATE:**

NAME:

AGE: **DATE:**

NAME: _____

AGE: _____ **DATE:** _____

_____

_____

_____

_____

NAME: _____

AGE: _____ **DATE:** _____

_____

_____

_____

_____

NAME: _____

AGE: _____ **DATE:** _____

_____

_____

_____

_____

NAME:

AGE: **DATE:**

NAME:

AGE: **DATE:**

NAME:

AGE: **DATE:**

NAME: _____

AGE: _____ **DATE:** _____

_____

_____

_____

_____

NAME: _____

AGE: _____ **DATE:** _____

_____

_____

_____

_____

NAME: _____

AGE: _____ **DATE:** _____

_____

_____

_____

_____

NAME:

AGE: **DATE:**

NAME:

AGE: **DATE:**

NAME:

AGE: **DATE:**

NAME: _____

AGE: _____ **DATE:** _____

_____

_____

_____

_____

NAME: _____

AGE: _____ **DATE:** _____

_____

_____

_____

_____

NAME: _____

AGE: _____ **DATE:** _____

_____

_____

_____

_____

NAME: _____

AGE: _____   DATE: _____

_____

_____

_____

_____

NAME: _____

AGE: _____   DATE: _____

_____

_____

_____

_____

NAME: _____

AGE: _____   DATE: _____

_____

_____

_____

_____

NAME:

AGE: **DATE:**

NAME:

AGE: **DATE:**

NAME:

AGE: **DATE:**

NAME:

AGE: **DATE:**

_____

_____

_____

_____

NAME:

AGE: **DATE:**

_____

_____

_____

_____

NAME:

AGE: **DATE:**

_____

_____

_____

_____

NAME: _____

AGE: _____ **DATE:** _____

_____

_____

_____

_____

NAME: _____

AGE: _____ **DATE:** _____

_____

_____

_____

_____

NAME: _____

AGE: _____ **DATE:** _____

_____

_____

_____

_____

NAME:

AGE: **DATE:**

NAME:

AGE: **DATE:**

NAME:

AGE: **DATE:**

NAME: _____

AGE: _____ **DATE:** _____

_____

_____

_____

_____

NAME: _____

AGE: _____ **DATE:** _____

_____

_____

_____

_____

NAME: _____

AGE: _____ **DATE:** _____

_____

_____

_____

_____

NAME: _____

AGE: _____   DATE: _____

_____

_____

_____

_____

NAME: _____

AGE: _____   DATE: _____

_____

_____

_____

_____

NAME: _____

AGE: _____   DATE: _____

_____

_____

_____

_____

NAME: _____

AGE: _____ **DATE:** _____

_____

_____

_____

_____

NAME: _____

AGE: _____ **DATE:** _____

_____

_____

_____

_____

NAME: _____

AGE: _____ **DATE:** _____

_____

_____

_____

_____

NAME:

AGE: DATE:

NAME:

AGE: DATE:

NAME:

AGE: DATE:

NAME:

AGE: **DATE:**

NAME:

AGE: **DATE:**

NAME:

AGE: **DATE:**

NAME: _____

AGE: _____ **DATE:** _____

_____

_____

_____

_____

NAME: _____

AGE: _____ **DATE:** _____

_____

_____

_____

_____

NAME: _____

AGE: _____ **DATE:** _____

_____

_____

_____

_____

NAME: _____

AGE: _____ **DATE:** _____

_____

_____

_____

_____

NAME: _____

AGE: _____ **DATE:** _____

_____

_____

_____

_____

NAME: _____

AGE: _____ **DATE:** _____

_____

_____

_____

_____

NAME:

AGE: **DATE:**

NAME:

AGE: **DATE:**

NAME:

AGE: **DATE:**

NAME: _____

AGE: _____ **DATE:** _____

_____

_____

_____

_____

NAME: _____

AGE: _____ **DATE:** _____

_____

_____

_____

_____

NAME: _____

AGE: _____ **DATE:** _____

_____

_____

_____

_____

NAME: _____

AGE: _____ **DATE:** _____

_____

_____

_____

_____

NAME: _____

AGE: _____ **DATE:** _____

_____

_____

_____

_____

NAME: _____

AGE: _____ **DATE:** _____

_____

_____

_____

_____

NAME: _____

AGE: _____ **DATE:** _____

_____

_____

_____

_____

NAME: _____

AGE: _____ **DATE:** _____

_____

_____

_____

_____

NAME: _____

AGE: _____ **DATE:** _____

_____

_____

_____

_____

NAME: _____

AGE: _____ **DATE:** _____

_____

_____

_____

_____

NAME: _____

AGE: _____ **DATE:** _____

_____

_____

_____

_____

NAME: _____

AGE: _____ **DATE:** _____

_____

_____

_____

_____

NAME: _____

AGE: _____ **DATE:** _____

_____

_____

_____

_____

NAME: _____

AGE: _____ **DATE:** _____

_____

_____

_____

_____

NAME: _____

AGE: _____ **DATE:** _____

_____

_____

_____

_____

NAME: _____

AGE: _____ **DATE:** _____

_____

_____

_____

_____

NAME: _____

AGE: _____ **DATE:** _____

_____

_____

_____

_____

NAME: _____

AGE: _____ **DATE:** _____

_____

_____

_____

_____

NAME: _____

AGE: _____ **DATE:** _____

_____

_____

_____

_____

NAME: _____

AGE: _____ **DATE:** _____

_____

_____

_____

_____

NAME: _____

AGE: _____ **DATE:** _____

_____

_____

_____

_____

NAME: _____

AGE: _____ **DATE:** _____

_____

_____

_____

_____

NAME: _____

AGE: _____ **DATE:** _____

_____

_____

_____

_____

NAME: _____

AGE: _____ **DATE:** _____

_____

_____

_____

_____

NAME: _____

AGE: _____ **DATE:** _____

_____

_____

_____

_____

NAME: _____

AGE: _____ **DATE:** _____

_____

_____

_____

_____

NAME: _____

AGE: _____ **DATE:** _____

_____

_____

_____

_____

NAME: _____

AGE: _____ **DATE:** _____

_____

_____

_____

_____

NAME: _____

AGE: _____ **DATE:** _____

_____

_____

_____

_____

NAME: _____

AGE: _____ **DATE:** _____

_____

_____

_____

_____

NAME: _____

AGE: _____ **DATE:** _____

_____

_____

_____

_____

NAME: _____

AGE: _____ **DATE:** _____

_____

_____

_____

_____

NAME: _____

AGE: _____ **DATE:** _____

_____

_____

_____

_____

NAME:

AGE: _____ **DATE:** _____

_____

_____

_____

_____

NAME:

AGE: _____ **DATE:** _____

_____

_____

_____

_____

NAME:

AGE: _____ **DATE:** _____

_____

_____

_____

_____

NAME: _____

AGE: _____ **DATE:** _____

_____

_____

_____

_____

NAME: _____

AGE: _____ **DATE:** _____

_____

_____

_____

_____

NAME: _____

AGE: _____ **DATE:** _____

_____

_____

_____

_____

NAME:

AGE: DATE:

_____

_____

_____

_____

NAME:

AGE: DATE:

_____

_____

_____

_____

NAME:

AGE: DATE:

_____

_____

_____

_____

NAME:

AGE: DATE:

_____

_____

_____

_____

NAME:

AGE: DATE:

_____

_____

_____

_____

NAME:

AGE: DATE:

_____

_____

_____

_____

NAME: _____

AGE: _____ **DATE:** _____

_____

_____

_____

_____

NAME: _____

AGE: _____ **DATE:** _____

_____

_____

_____

_____

NAME: _____

AGE: _____ **DATE:** _____

_____

_____

_____

_____

NAME:

AGE: **DATE:**

NAME:

AGE: **DATE:**

NAME:

AGE: **DATE:**

NAME: _____

AGE: _____ **DATE:** _____

_____

_____

_____

_____

NAME: _____

AGE: _____ **DATE:** _____

_____

_____

_____

_____

NAME: _____

AGE: _____ **DATE:** _____

_____

_____

_____

_____

NAME: _____

AGE: _____ **DATE:** _____

_____

_____

_____

_____

NAME: _____

AGE: _____ **DATE:** _____

_____

_____

_____

_____

NAME: _____

AGE: _____ **DATE:** _____

_____

_____

_____

_____

NAME: _____

AGE: _____ **DATE:** _____

_____

_____

_____

_____

NAME: _____

AGE: _____ **DATE:** _____

_____

_____

_____

_____

NAME: _____

AGE: _____ **DATE:** _____

_____

_____

_____

_____

NAME:

AGE: **DATE:**

NAME:

AGE: **DATE:**

NAME:

AGE: **DATE:**

NAME: _____

AGE: _____ **DATE:** _____

_____

_____

_____

_____

NAME: _____

AGE: _____ **DATE:** _____

_____

_____

_____

_____

NAME: _____

AGE: _____ **DATE:** _____

_____

_____

_____

_____

NAME: _____

AGE: _____ **DATE:** _____

_____

_____

_____

_____

NAME: _____

AGE: _____ **DATE:** _____

_____

_____

_____

_____

NAME: _____

AGE: _____ **DATE:** _____

_____

_____

_____

_____

NAME: _____

AGE: _____   DATE: _____

_____

_____

_____

_____

NAME: _____

AGE: _____   DATE: _____

_____

_____

_____

_____

NAME: _____

AGE: _____   DATE: _____

_____

_____

_____

_____

Made in the USA
Middletown, DE
10 September 2023

38292666R00061